PLAIDOIRIE

DE

Mᴱ NOGENT DE SAINT-LAURENT,

AVOCAT.

PLAIDOIRIE

DE

Me NOGENT DE St-LAURENT,

AVOCAT

.ONONCÉE A LA COUR DES PAIRS,

Le 1ᵉʳ Octobre 1840.

Extrait du Procès du Prince Napoléon-Louis ; publié par B. Saint
ᵐʳ d'une Histoire de Napoléon, du Procès *Laity*, etc.

PARIS,

LEVAVASSEUR, LIBRAIRE EDITEUR,

Rue Jacob, 14. F.-S-G.

1840

PLAIDOIRIE

DE

Mᵉ NOGENT DE SAINT-LAURENT,

AVOCAT,

PRONONCÉE A LA COUR DES PAIRS.

Le 1ᵉʳ octobre 1840.

———◦———

MESSIEURS LES PAIRS,

Le moment est venu pour le colonel Laborde de vous expliquer sa conduite; le moment est venu pour lui de se défendre en face de l'accusation dont il est l'objet..... Sa position, vous l'avez déjà jugée ; elle se détache avec simplicité sur le débat qui s'est agité dans cette enceinte ; et peut-être, profitant d'une position aussi simple, aussi précise, peut-être aurait-il pu imiter le noble laconisme de M. le comte de Montholon, et se borner à vous dire : « Je suis officier de la vieille garde, j'ai été désigné pour accompagner l'Empereur à l'île d'Elbe et j'ai assisté à ce grand miracle militaire que l'on appelle les Cent-Jours. »

M. Laborde a réfléchi ; il a compris que son nom n'était pas lié d'une manière spéciale et principale à un événement que personne n'ignore ; il a compris que la gloire qu'il a pu acquérir était collective, qu'elle était commune à ceux qui avaient partagé ses dangers et sa fortune sur les champs de bataille ; il a compris qu'il ne lui était pas permis, à lui, de s'isoler dans l'histoire, et de se défendre avec quelques paroles qui réveillent une pieuse et illustre affection, un grand et solennel souvenir.

Il se défendra donc..... Il le doit, il va le faire. Toutefois n'attendez pas de lui une défense timide et minutieuse, une défense
qui se réfugie derrière les allégations et les invraisemblances,
qui s'enveloppe des obscurités de la dénégation. Non ; il veut se
montrer tout entier ; il ne reniera pas ses idées, son dévoûment,
ses sympathies ; il veut rester ce qu'il fut toujours, ce commandant
de la vieille garde, plein de bravoure, plein d'honneur, incapable
d'une hésitation, d'une faiblesse un jour de guerre, incapable d'un
mensonge ou d'une réticence devant la justice !

M. Laborde est un de ces hommes dont la vie entière s'est
écoulée à travers les vicissitudes glorieuses de l'Empire. Parti simple soldat en 1803, il sut par son propre mérite, par son courage,
s'élever rapidement dans la hiérarchie militaire. Il traversa l'Europe avec nos armées, et son sang fut répandu dans la plupart de
ces mémorables batailles dont l'Empereur faisait de grandes vic-
toires. Je regrette de ne pouvoir retracer ici un à un tous les détails de sa carrière; mais le colonel m'a imposé une grande réserve,
me défendant presque de vous parler de lui ... et d'ailleurs ce
serait une vanité puérile de sa part. M. Laborde ne cherche pas
une occasion de fixer l'attention publique sur sa vie militaire....
Ses amis, ses frères d'armes le connaissent et lui rendent justice..
Ce témoignage lui suffit, et il sait que la gloire personnelle d'un
colonel se confond dans cette merveilleuse histoire de l'Empire,
comme une journée disparaît devant un siècle.

Inactif pendant une partie de la restauration, M. Laborde
fut appelé plus tard au commandement d'une compagnie de sous
officiers vétérans ; après 1830, il reprit un service plus actif et
assista au siége d'Anvers avec son régiment, qui était alors le 41e
régiment de ligne. Devenu commandant de place de la ville de
Cambrai, il prit définitivement sa retraite en 1838. Retiré dans
la banlieue de Paris, M. Laborde y vivait obscurément des pro-
duits de cette retraite et d'une modique fortune. Un seul malheur
venait mêler son amertume à cette vie si régulière et si paisible.

Par une suite de circonstances trop douloureuses pour en parler
longuement ici, madame Laborde avait quitté la France, et était
allée en Angleterre. Depuis longues années, on en était sans nou-

velles; des nécessités de fortune et de position, le désir d'utiliser des talents remarquables, avaient seuls déterminé une séparation qui fut involontaire.

Au mois de mai 1840, le colonel, tourmenté par cette cruelle incertitude, partit pour Londres, et ce fut à cette époque qu'il fut présenté pour la première fois au prince Louis-Napoléon. Un ancien officier allait voir le neveu de l'Empereur, c'était naturel; il en fut accueilli comme devait l'être un adjudant-major du bataillon de la vieille garde à l'île d'Elbe.

Toutefois, les recherches de M. Laborde furent infructueuses; il revint en France au bout d'un mois, après avoir chargé ses amis de continuer les recherches qu'il avait commencées. Six semaines s'étaient à peine écoulées, lorsqu'il reçut une lettre dans laquelle on lui apprenait que madame Laborde habitait Richmond, dans les environs de Londres.

Le colonel retourna précipitamment en Angleterre; et pendant ce second voyage, il fit une nouvelle visite au prince. Cependant il dut prolonger son séjour au-delà de ses désirs, car sa santé s'altéra, et au mois d'août il était encore à Londres, malade, languissant, en proie à de cruelles souffrances.

Ce fut alors que le prince lui proposa de faire un voyage à Ostende, avec M. le comte de Montholon et le colonel Voisin. Laborde accepta; il espérait trouver un soulagement à ses maux dans les distractions du voyage; et le lundi trois août, à neuf heures du matin, il s'embarqua avec ces messieurs sur un bateau à vapeur, et dans la conviction qu'ils se rendaient à Ostende. Le même jour, à quatre heures, le bateau relâcha à Margate, sur la côte d'Angleterre, à l'embouchure de la Tamise. Le colonel fut fort étonné et fort contrarié de cette circonstance; malade comme il l'était, il voulait faire le voyage le plus promptement possible. Le lendemain, il se perdait en conjectures lorsque, dans la nuit du 4 au 5, ils furent ralliés par un canot qui les transporta inopinément à bord du paquebot la *Cité d'Edimbourg*. Le prince était abord; le colonel plus malade que jamais, incommodé par la mer, se jeta dans un coin du pont.

Le 5, de grand matin, on était en vue des côtes de France; les

proclamations étaient lues ; la résolution annoncée à tous les passagers. Le colonel avait revêtu son uniforme qu'il avait laissé à Londres , et qu'à son grand étonnement on venait de lui apporter sur le paquebot. Il débarqua à Wimereux.... De ce moment il a suivi les pas du prince , dans les rues de Boulogne , à la caserne, partout.... et puis il n'a pas cherché à fuir, il a quitté le prince à quelques pas de la colonne de la grande armée, il est resté seul sur la côte, seul, épuisé de lassitude et de souffrance, il s'est jeté au-devant d'une arrestation........ Voilà son histoire dans la matinée du 5 août ; elle est simple et précise, comme je le disais en commençant. Le colonel est parti croyant aller à Ostende ; il est parti sans rien savoir des projets du prince, sans les approuver, s'il faut en croire les paroles qu'il aurait adressées au prince lui-même avant le débarquement, et que ce dernier a rapportées dans une de ses dépositions. Une fois qu'il a vu le prince déterminé à se jeter dans un péril, il n'a plus hésité, il est resté à ses côtés, il a traversé Boulogne avec lui........ Depuis, bien des fois, pendant ces conversations intimes qui s'établissent entre le défenseur et l'accusé , je lui ai demandé quelle était sa résolution ; et toujours il m'a répondu avec un accent de vérité qui m'a pénétré d'une conviction profonde : « J'en avais une, une seule, je voulais éviter une collision ; j'étais venu là sans rien savoir, ce n'était pas une question politique, c'était une question d'honneur pour moi. Je voulais sauver les jours du prince s'ils venaient à être menacés. » Voilà sa résolution, le cri continuel de sa conscience !

L'accusation a prétendu que cette première partie du récit, c'est-à-dire la croyance dans laquelle se seraient trouvés MM. de Montholon, Laborde et Voisin, qu'ils allaient à Ostende, était une allégation dénuée de vraisemblance. Ici je n'ai qu'un mot à répondre. Quand à moi leur affirmation me suffit, car je les tiens tous les trois pour hommes d'honneur et de loyauté ; mais j'ajouterai cette circonstance pour l'accusation : Peu d'instans après leur arrestation, M. le comte de Montholon, M. le colonel Voisin, M. le le lieutenant-colonel Laborde, furent interrogés séparément, sans communication possible, et tous les trois furent unanimes dans leurs réponses..... D'où vient cet accord, cette unanimité ?...

qu'est-ce à dire?.... Serait-ce que par hasard, si ces messieurs avaient été instruits des projets du prince, ils auraient, par une prudence inconcevable, imaginé cette excuse à l'avance?... serait-ce qu'au moment de descendre à terre, au moment d'une périlleuse tentative qui devait absorber toutes leurs passions, toutes leurs facultés, ils auraient paisiblement rêvé une allégation judiciaire, un moyen de défense?.. Non; cela est l'hypothèse de l'accusation, et cela est invraisemblable, car cela est incompatible avec le caractère de ces trois hommes.

Mais, nous dit-on encore, l'habit du colonel était à bord .... qu'importe cette circonstance! L'uniforme de M. Bacciochi, celui au colonel Vaudrey, s'y trouvaient aussi; leurs noms figuraient au bas d'une proclamation, et il est bien certain aujourd'hui que ces messieurs n'ont pas débarqué à Wimereux dans la matinée du 5 août.

Les boutons de l'uniforme qu'avait le colonel à Boulogne, portaient le numéro 40, numéro d'un régiment qui avait garnison dans les environs, et le colonel Laborde appartient au 41e régiment de ligne. Encore une circonstance qui n'est sérieuse qu'en apparence, Le docteur Conneau, le médecin du prince, a spontanément déclaré que c'était lui qui, à l'insu du colonel et dans un but qu'il ignorait avait changé les boutons de son uniforme... Que veut-on de plus?.. tout n'est-il pas expliqué, n'y a-t-il pas dans toutes ces paroles, dans toutes ces réponses faites séparément et sans qu'une convention antérieure fût possible, n'y a-t-il pas une clarté, une évidence, de nature à satisfaire toutes les exigences de l'accusation! Je dois me repentir d'avoir insisté si long-temps; c'était une préoccupation inutile de ma part, car enfin toutes ces circonstances qui tendaient à établir que M. Laborde connaissait les projets du prince ne serviraient qu'à formuler une accusation de complot, et cette question a été écartée du procès.... Ce n'est point ici le complot, ce crime intellectuel qui saisit la pensée commune, c'est l'attentat, ce crime spécial qui se subdivise pour saisir le fait individuel........ Si j'ai donné ces explications, c'est qu'il m'a semblé que, dans une affaire de cette nature, je devais porter une vive lumière partout où il y avait une ombre d'accusation...; c'est que je n'ai pas voulu laisser passer sans réponse cette hypothèse, que trois hommes honorables, considérés, que trois officiers supérieurs auraient été capables d'inventer une lâche excuse, un vil mensonge, indignes tout à la fois de leur caractère et de leur défense...... Oh! n'ayez crainte, ce n'est pas ici le lieu des discussions subtiles, c'est le moment d'une explication sincère qui vous sera donnée sans faiblesse comme sans ostentation...... Vous avez affaire à des hommes qui vous apportent toutes les vérités de leurs âmes, toutes les pensées de leurs consciences !

Il faut donc que je me rapproche de l'accusation, il faut que je l'envisage telle qu'elle se présente. Point de complot, mais un attentat, voilà son expression la plus simple.... Discutons l'attentat.

Le jour de la responsabilité judiciaire est venu pour tous les accusés, et M. Laborde ne peut pas s'isoler dans une défense contradictoire avec la défense générale ; son cœur est incapable d'un pareil égoïsme : il me l'a dit, et je l'en remercie pour moi, défenseur, qui serais désespéré de prononcer une seule parole contraire à un de ses co-accusés ; je l'en félicite pour lui, car j'ai la conviction profonde qu'un sentiment pareil sera apprécié par la cour des pairs. Il accepte donc, non pas la solidarité d'un projet qui ne fut jamais le sien, et contre l'exécution duquel il a protesté à l'une de vos audiences ; mais il accepte la solidarité d'un dévoûment, d'une sympathie qui est la sienne. Oui, le colonel Laborde doit tout à l'Empire, et il ne pouvait pas se faire que son cœur restât froid et insensible en présence du neveu de son Empereur, de ce jeune homme dont le nom et la naissance réveillent tant de glorieux souvenirs.

Cette sympathie pour le prince Louis-Napoléon, elle est vraie, elle est naturelle, mais ce n'est point là un attentat. Laissons donc les idées, les affections, les sympathies, tout ce qui est en dehors d'un caractère de criminalité, et voyons les actes, les faits matériels.... Qu'a fait le colonel Laborde ? Débarqué à Wimereux, le 3 août, il a suivi le prince à travers le péril dans lequel il s'était précipité; il s'est séparé de lui quand il a cru que le péril était fini, il est resté sur le rivage, seul, et s'est jeté volontairement, sans crainte, sans remords, au devant de ceux qui poursuivaient les fugitifs. Eh bien ! est-ce là un attentat ?

Messieurs les pairs, l'influence du passé existe sur le présent et l'a-
venir ; il ne faut pas séparer un homme de ses antécédens , il ne
faut pas l'isoler moralement et matériellement dans un fait , car
ce serait omettre le véritable mobile de son action. En matière
d'attentat surtout, dans cette accusation où les faits sont toujours
liés aux idées, aux souvenirs , il faut accepter l'influence néces-
saire du passé et des antécédens, sans crédulité, sans scepticisme,
avec cette réserve et cette dignité qui conviennent à la justice.

Ici, messieurs , je suis forcé d'oublier un instant les préoccupa-
tions de l'accusé pour ne me souvenir que des nécessités de la défense. La mission de l'avocat est sacrée, et, dussé-je affliger le
colonel par quelques détails extrêmement brefs sur sa vie militaire,
il faut que je vous parle de lui un instant, il faut que j'accomplisse
ce devoir impérieux que me prescrit ma conscience.

Voici ses états de service : M. Laborde, parti simple soldat
en 1803 , a passé par tous les grades avant d'atteindre celui de
lieutenant-colonel. Il a fait les campagnes d'Espagne en 1808,
1809, 1810, 1811 ; de Russie en 1812 , de Saxe en 1813, de France
en 1814 , de Belgique en 1830 et en 1832.

Permettez-moi , messieurs, de citer textuellement.

Ici, Me Nogent-Saint-Laurent lit des états de service qui cons-
tatent plusieurs actions d'éclat à la suite desquelles le colonel ob-
tint ses grades et ses décorations, les blessures qu'il a reçues dans
plusieurs batailles.

Il continue en ces termes :

Après la capitulation de Fontainebleau , en 1814, M. Laborde ,
alors chef de bataillon adjudant-major au 2e régiment de chasseurs
à pied de la vieille garde , fut désigné par le général Cambronne
pour faire partie de l'état-major du bataillon d'infanterie qui se
rendait à l'île d'Elbe. Il y resta neuf mois, tout le temps qu'y resta
l'Empereur ; il y vécut dans son intimité, faisant partie de sa mai-
son, et revint en France aux Cent-Jours.

Voilà l'homme. Voulez-vous savoir l'opinion qu'il avait su ins-
pirer à ses supérieurs pendant des temps plus rapprochés de nous?
En 1832, M. le colonel Laborde était au siége d'Anvers; il com-
mandait le 41e régiment de ligne. Permettez-moi de vous lire la
lettre que lui écrivit alors un lieutenant-général qui siégerait parmi

ses juges si une mission glorieuse ne le retenait en Afrique :

« Mon cher colonel, c'est à mon grand regret que je n'ai pu,
jusqu'à présent, trouver l'occasion d'utiliser votre bonne volonté.
Je pense être plus heureux d'ici à quelques jours, puisqu'on a parlé
d'un assaut général, pour lequel ma division est destinée non-seu-
lement par son tour de service, mais encore par sa composition.
Des détachemens de chacun des bataillons d'élite seront fournis,
et ce sera avec grand plaisir que je vous en donnerai le commandement, convaincu que je suis qu'il ne pourrait être en de meil-
leures mains. Vous pouvez donc vous préparer à partir, car l'ordre
doit m'arriver ce soir ou demain matin. Dans tous les cas, vous
n'irez pas seul, vous aurez pour témoin et co-acteur votre général,
qui ne se sépare jamais de sa troupe, surtout lorsqu'il y a quelque
danger à courir ou quelque gloire à acquérir. Votre affectionné,

« Vicomte Schramm. »

Et maintenant que vous connaissez le colonel Laborde, ses antécédens, sa disposition d'esprit, l'opinion si honorable qu'on avait
de lui, il vous sera facile de comprendre sa conduite dans la matinée du 5 août, et d'en apprécier le véritable caractère. Voyez, en
effet, cet homme amené à bord du *Château d'Edimbourg*, appre-
nant une résolution qu'il a toujours ignorée, placé près du prince
Louis, prêt à courir les hasards, et les dangers d'une tentative
sur Boulogne ?... que devait-il donc arriver ?... que devait faire
M. Laborde ?... Lui qui a épuisé sa vie, lui qui a versé son sang
dans les guerres de l'Empire, lui le vieux compagnon, le vieux
serviteur de Napoléon à l'île d'Elbe; lui qui débarqua au golfe
Juan en 1815 ; lui qui était à côté de l'Empereur, un peu avant
Grenoble, lorsqu'il découvrit sa poitrine à quelques pas d'un bataillon du 5e de ligne auquel on criait de faire feu, et qui, refusant
d'obéir, donna une preuve nouvelle de cette puissance morale et
de ce prestige incroyable qu'avait pu atteindre la gloire d'un seul
homme !... Ce qui devait arriver ?... ah ! vous l'avez tous jugé,
messieurs... Voyant qu'il n'était plus temps de s'opposer à une
détermination positive ; voyant qu'il était trop tard pour discuter,
le colonel allait être entraîné par un sentiment d'abnégation qui

est le fond de son caractère ; il allait oublier son intérêt, sa famille, les chances d'une tentative, la possibilité d'un échec, d'une arrestation, d'un procès ; il allait ne penser à rien de tout cela, marcher derrière le prince, le suivre là où le danger de mort pouvait se rencontrer ; il allait être prêt à le couvrir de son corps si une baïonnette venait à menacer sa poitrine, comme il avait été prêt pendant quatorze années à mourir pour l'Empereur son oncle... Voilà ce qui allait arriver, voilà ce qui est arrivé, voilà ce qu'a fait le colonel *sans préoccupation politique* et par pure affection, et depuis, bien des fois il l'a répété, car c'est la croyance de son âme, il me l'a répété avec sa vieille énergie militaire..... « Amené là, il ne pouvait plus reculer!... consciencieuse parole d'un soldat qui ne sait ni calculer ni réfléchir en vue du péril, et dont le cœur n'a jamais renfermé que l'abnégation et le dévoûment.

Messieurs les pairs, avant l'ouverture de ces débats, votre justice si élevée et si intelligente a déjà fait une distinction ; elle a mis en liberté tous les accusés subalternes, véritables instrumens sans volonté, mais qui pourtant constituaient la force matérielle de l'attentat. Cette pensée a été comprise : vous n'avez pas voulu demander compte à ces hommes d'un acte qui n'avait eu pour mobile que l'obéissance passive.

Les accusés qui restent au procès sont les hommes d'intelligence, ceux qui pouvaient comprendre la portée de leur action... Oui, cela est vrai ; mais il y a aussi une cause, un principe qui domine cette conduite : ce n'est point l'obéissance passive ; il faut donc chercher dans une influence morale la raison d'une action qui est dénaturée si on la dépouille de cette influence... Le colonel Laborde, par exemple, quelle est la cause, le mobile de sa conduite?... Oh! ici le doute ne me paraît pas possible, et je ne crois pas que l'on songe à contester mon affirmation. Cette cause, c'est la religion des souvenirs ; ce principe, c'est le prestige de la gloire.

Vous le savez tous, Messieurs les pairs, il est une religion des souvenirs, sentiment puissant, réel, incontestable, qui naît dans le cœur de l'homme pour envelopper plus tard son âme tout entière. Jeune, on existe dans le présent, dans les vicissitudes, dans les espérances, dans les événemens si variés de la vie; vieillard, on existe surtout dans le passé, dans les souvenirs, et c'est une source d'émotions inépuisables, dit-on, que ce retour par la pensée vers les années où l'on vivait d'une activité prodigieuse, où l'on travaillai à sa réputation, à sa fortune, à son avenir.

Le prestige de la gloire..... Oh! oui, sans doute, cela est véritable encore. Eh! que serait-ce donc qu'une gloire sans prestige? Rien qu'un vain mot, un principe stérile; ce ne serait plus la gloire. Est-ce la faute de ces vieux soldats si l'Empereur fut si grand que sa gloire les couvre encore de son prestige? ... Et ne savez-vous pas que ces hommes si calmes au feu, pleurent au nom de l'Empereur, que ces cœurs si froids pour le péril se remplissent d'une émotion brûlante au récit d'un fait d'armes? Ne savez-vous pas qu'ils ont gravées dans leur mémoire, à force de les lire, ces proclamations immortelles que le génie de l'Empereur dictait la veille d'une bataille ou le lendemain d'une victoire?.. Et c'est à de pareils hommes que l'on viendrait dire : « Ferme ton âme à la religion des souvenirs, dérobe ta vue au prestige de la gloire; arrivé aux termes d'une vieillesse languissante, oublie tout d'un coup toutes les années de ta jeunesse pendant lesquelles tu vivais avec toute ton énergie, et si quelque chose te rappelle l'Empire, s'il t'est donné de revoir un proche parent de l'Empereur, reste froid, calme, impassible, sans larmes, sans émotion!.. » Non, cela ne se peut pas; ce serait méconnaître la nature de l'homme que d'exiger tant de raison à côté de tant de cœur?.... Et tout le temps qu'un soldat de la vieille garde restera debout dans un coin de la France, n'attendez pas de lui qu'il abjure la religion de ses souvenirs, ni qu'il résiste au prestige de la gloire impériale!!..

Eh quoi! ce serait de pareils hommes que vous condamneriez, et cela pour une tentative de quelques heures, qu'ils n'ont connue qu'au moment où la résistance était impossible, à laquelle ils ont assisté sans autre résolution que le dévoûment, et qui n'a entraîné ni malheurs ni résultat politique.... Oh! messieurs les pairs, je ne le dissimulerai point, à cette pensée d'une condamnation, je me suis senti douloureusement ému; je n'ai pas su résister à un sentiment d'affliction profonde en entendant les paroles sévères de l'ac-

cusation qui appellent une responsabilité terrible sur ces têtes blan-
chies dans les batailles.... Et puis je me suis rassuré, car je sais que
je parle devant une assemblée où siégent les plus grandes illustrations
militaires de la France ; je sais que votre justice, la première du
royaume, saurait, s'il le fallait, pardonner un moment de faiblesse
à un moment d'enthousiasme.... Non, vous ne les condamnerez
pas, ces hommes; c'est au nom de la gloire de mon pays que je de-
mande leur liberté : car ils ont servi la gloire nationale, cette
gloire qui existe au-dessus de toutes les idées politiques, qui est le
patrimoine de tous, et devant laquelle s'inclinent les hommes de
tous les partis!... Aujourd'hui que des bruits de guerre ont traversé
l'Europe, aujourd'hui que les hommes de l'Empire peuvent devenir
des exemples et des modèles, vous ne voudrez pas qu'un colonel de
la grande armée aille mourir dans une prison d'État, ni qu'une
captivité douloureuse refroidisse trop tôt ce reste de vie que lui a
laissé la victoire.

(Le jeune défenseur reçoit en s'asseyant les félicitations de
M es Berryer et Marie.)

www.ingramcontent.com/pod-product-compliance
Lightning Source LLC
Chambersburg PA
CBHW050423210326
41520CB00020B/6728